中国人有学问

究 慈 ◆编著

中国和平出版社
China Peace Publishing House
北京

图书在版编目（CIP）数据

中国人有学问 / 究慈编著． -- 北京：中国和平出版社，2025. 4. -- ISBN 978-7-5137-3125-6

Ⅰ．K203-49

中国国家版本馆 CIP 数据核字第 2025HU8664 号

中国人有学问

ZHONGGUO REN YOU XUEWEN

究　慈◇编著

编辑统筹	代新梅
责任编辑	付迎亚
设计制作	张建永
责任印务	魏国荣
出版发行	中国和平出版社（北京市海淀区花园路甲 13 号院 7 号楼 10 层 100088）
	www.hpbook.com 　 bookhp@163.com
出 版 人	林　云
经　　销	全国各地书店
印　　刷	三河市嵩川印刷有限公司
开　　本	710mm×1000mm 　 1/16
印　　张	8
字　　数	105 千字
版　　次	2025 年 4 月第 1 版 　 2025 年 4 月第 1 次印刷
书　　号	ISBN 978-7-5137-3125-6
定　　价	68.00 元

目录

第一章　文学常识

第二章　传统文化

发明创造 / 067

建筑文化 / 074

帝王 / 108

作品主人公 / 111

中国人
有学问

第一章

文学常识

诗歌最早出现在什么时候?

诗歌最早出现于先秦时期,是一种以抒情为主要特点的文学体裁,它能够高度集中地概括和反映社会生活以及作者的思想情感。诗歌是世界上最古老、最基本的文学形式之一。在中国古代文学中,不合乐的被称为诗,合乐的被称为歌。无论是诗还是歌,都需要按照一定的音节和韵律要求来创作,以表现当时社会生活和人的精神世界。

古代诗歌可以分为哪些类别?

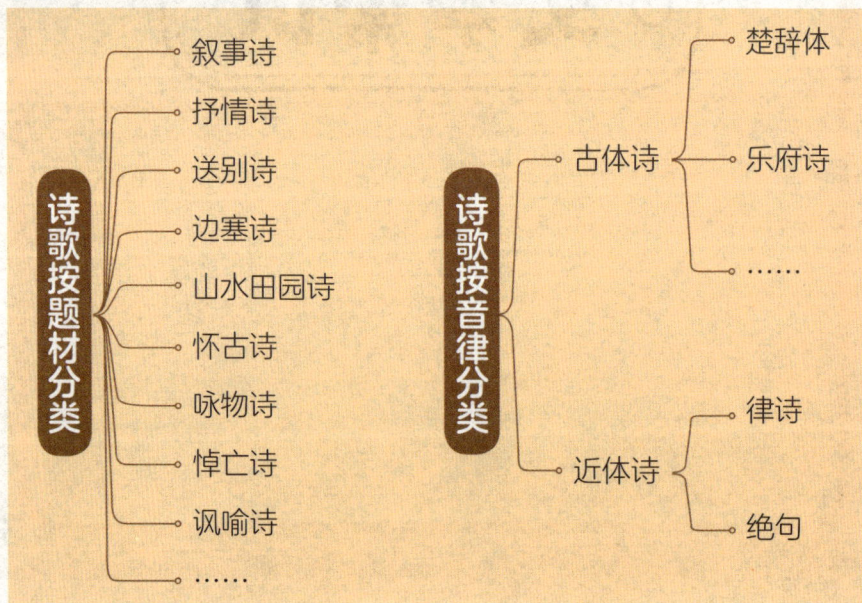

诗歌按题材分类
- 叙事诗
- 抒情诗
- 送别诗
- 边塞诗
- 山水田园诗
- 怀古诗
- 咏物诗
- 悼亡诗
- 讽喻诗
- ……

诗歌按音律分类
- 古体诗
  - 楚辞体
  - 乐府诗
  - ……
- 近体诗
  - 律诗
  - 绝句

乐府诗起源于哪个时期?

乐府诗起源于汉代。乐府原本是汉代掌管音乐的官署的名称,汉代人把乐府机关编录和演奏的诗篇称为歌诗,魏晋六朝时期的人们开始把这些歌诗称为乐府或乐府诗,并把它们单独归类成一种诗体。

《孔雀东南飞》讲述了什么故事?

《孔雀东南飞》讲述了刘兰芝、焦仲卿夫妇忠于爱情,为了反抗压迫双双殉情的家庭悲剧,歌颂了他们的叛逆精神,寄托了人们对爱情、婚姻自由的向往,揭露了封建礼教的黑暗与罪恶。其中,"君当作磐石,妾当作蒲苇"的比喻成为千古名句。

原句	君当作磐石,妾当作蒲苇
译文	这句话是指刘兰芝希望丈夫像磐石一样坚定不移,无论外界如何压迫都不改变心意;自己也会像蒲苇一样柔软却坚韧,虽看似脆弱,但不易折断。

古体诗和近体诗有什么区别?

古体诗是与近体诗相对应的诗体。诗歌的格律在唐代初期定型，在此之前的都叫古体诗，古体诗不讲究对仗，押韵较为自由。近体诗是相对于古体诗而言，对字数、句数、平仄、用韵等都有严格规定。近体诗包括绝句、律诗等。

古体诗范例
将进酒（节选） 唐·李白 君不见黄河之水天上来， 奔流到海不复回。 君不见高堂明镜悲白发， 朝如青丝暮成雪。 人生得意须尽欢， 莫使金樽空对月。 天生我材必有用， 千金散尽还复来。

近体诗范例
登 高 唐·杜甫 风急天高猿啸哀， 渚清沙白鸟飞回。 无边落木萧萧下， 不尽长江滚滚来。 万里悲秋常作客， 百年多病独登台。 艰难苦恨繁霜鬓， 潦倒新停浊酒杯。

骈文有什么特点?

骈文是魏晋以后产生的一种文体,它的特点在于通篇文章的字句两两相对,不仅句法结构相互对称,词语也要对偶,同时讲究音律和谐。

知识小贴士

唐代王勃的《滕王阁序》就是一篇辞藻华丽的骈文,序中"落霞与孤鹜齐飞,秋水共长天一色"更是千古名句。

《滕王阁序》经典欣赏

描绘滕王阁盛景的名句	抒发人生感慨的名句
以绚烂的笔触描绘滕王阁的壮丽景色。	表达怀才不遇的苦闷,但仍坚持高远志向。
层峦耸翠,上出重霄; 飞阁流丹,下临无地。	关山难越,谁悲失路之人? 萍水相逢,尽是他乡之客。
落霞与孤鹜齐飞, 秋水共长天一色。	老当益壮,宁移白首之心? 穷且益坚,不坠青云之志。

赋是一种什么文体？

赋是一种介于诗歌和散文之间的古代中国文学体裁，注重声律谐协，讲究辞藻和用典，多用铺陈叙事的手法，常描写都城、宫苑、游猎，后扩展至抒情、说理，大多以颂美和讽喻为创作目的。

著名的赋介绍

汉赋巅峰：司马相如《子虚赋》《上林赋》
描写诸侯游猎盛况，展现汉王朝的恢宏气象。

爱情赋典范：曹植《洛神赋》
以浪漫笔法描写人神之恋，辞藻华美，情感凄婉。

讽喻名篇：杜牧《阿房宫赋》
借描写秦朝阿房宫的奢华及其毁于大火，讽喻晚唐统治者，结尾警醒人心。

隐逸之作：陶渊明《归去来兮辞》
抒写辞官归隐之志，语言清新，意境超脱。

文赋代表：苏轼《前赤壁赋》
融合哲理与山水，探讨永恒与短暂的话题，旷达洒脱。

什么是铭?

"铭"本指在器物上刻文,引申为刻在器物上的文字。这些文字多是用来警诫自己、称述功德的,后来演变成为一种文体。铭有器物铭、居室铭、山川铭、座右铭、墓志铭、瓷器铭文等多种类型。

陋室铭

唐·刘禹锡

山不在高,有仙则名。
水不在深,有龙则灵。
斯是陋室,惟吾德馨。
苔痕上阶绿,草色入帘青。
谈笑有鸿儒,往来无白丁。
可以调素琴,阅金经。
无丝竹之乱耳,无案牍之劳形。
南阳诸葛庐,西蜀子云亭。
孔子云:何陋之有?

《陋室铭》是唐代文学家刘禹锡创作的一篇托物言志的骈体铭文,以简洁凝练的语言及其蕴含的深刻哲理成为千古名篇。据传此文作于他被贬至安徽和州时,当地官员故意将他安排在简陋的居所,刘禹锡遂写下《陋室铭》以明志,表达安贫乐道、高洁自持的情怀。

什么是寓言？

寓言是一种用比喻性的故事来寄托意味深长的道理，给人以启示的文学体裁。它通常篇幅短小，语言精辟简练，结构简单却极富表现力。寓言通过比喻、夸张、象征、拟人等手法，使富有教育意义的主题或深刻的道理体现在简单的故事中。

《自相矛盾》讲述了一个什么样的故事？

《自相矛盾》讲述了一个卖矛和盾的人夸耀自己的商品，却无法自圆其说的故事。他夸耀自己的盾说："我的盾坚固无比，任何东西都无法刺穿它。"接着，他又夸耀自己的矛说："我的矛锋利无比，任何东西都能刺穿。"有人问他："如果用你的矛去刺你的盾，会怎么样呢？"那人陷入了自相矛盾的境地。故事揭示了言语或行为前后抵触、无法自洽的荒谬性。

《揠苗助长》讲述了一个什么样的故事？

《揠苗助长》讲述了宋国有个农夫，嫌田里的禾苗长得太慢，于是一棵棵往上拔高，累得满头大汗，回家后对家人说："今天可累坏了！我帮禾苗长高了！"他的儿子跑去一看，禾苗已经全部枯死了。故事警示人们应遵循自然规律，不可急于求成，以免弄巧成拙。

《画蛇添足》讲述了一个什么样的故事？

在《画蛇添足》的故事中，几个楚国人比赛画蛇，其中一个人画得很快，为了显示自己的能力，他给蛇画上了脚。结果，他却因此输了，因为蛇本身是没有脚的。这个故事告诫我们做事不要多此一举，否则会弄巧成拙。

《井底之蛙》讲述了一个什么样的故事？

《井底之蛙》讲述了井底之蛙只知井中世界，以为天空只有井口大小的故事。故事讽刺了见识短浅、孤陋寡闻的人。它告诫我们：不要故步自封，世界远比我们想象的广阔；保持谦虚，不要因为自己的小天地而骄傲自满。多学习、多见识，才能突破认知的局限。

《刻舟求剑》讲述了一个什么样的故事？

《刻舟求剑》讲述了一个楚国人在船上不慎丢失了剑，他在船上刻下记号，希望等船靠岸后按照记号找回剑的故事。这个故事讽刺了那些不顾实际情况、拘泥成例的人。

中国古代民间故事有什么样的特点?

你知道中国四大民间故事是什么吗?

中国古代民间故事以其丰富的想象力、生动的情节和深刻的文化内涵,受到人们的喜爱。这些故事通常反映了古代人民的生活习俗、信仰观念、价值观念等。

《愚公移山》讲述了一个什么样的故事?

《愚公移山》讲述了年近九十的愚公因家门前被太行、王屋两座大山阻挡,决心率子孙挖山开路的故事。面对智叟的嘲笑,他坚定表示:"子子孙孙无穷匮也,而山不加增,何苦而不平?"最终天帝被其毅力感动,命令大力神夸娥氏的两个儿子背走两座山,一座放在朔方东部,一座放在雍州南部。故事赞颂了坚持不懈、世代奋斗的精神,歌颂了古代劳动人民坚韧不拔和持之以恒的精神。

《白蛇传》讲述了一个什么样的故事？

《白蛇传》讲述千年白蛇白素贞为报恩化为人形，与凡人许仙相恋成婚，却遭高僧法海阻挠。白素贞为救夫水漫金山寺，最终被镇压在雷峰塔下。其子许仕林高中状元后孝感动天，终使母亲脱困团圆。这个故事体现了当时的人民对自由恋爱的向往和对封建束缚的反抗。

《梁山伯与祝英台》讲述了一个什么样的故事？

《梁山伯与祝英台》是中国古代著名的民间爱情传说，被誉为"东方的《罗密欧与朱丽叶》"，在民间广为流传，并被改编成戏曲、电影、音乐等多种艺术形式。这个故事讲述了祝英台女扮男装求学，与梁山伯相识相爱，却最终因世俗阻碍而以悲剧收场，被人们称为"爱情的千古绝唱"。

《孟姜女哭长城》讲述了一个什么样的故事？

《孟姜女哭长城》讲述了孟姜女为寻找被抓去修长城的丈夫，哭倒长城的感人故事，展现了对坚贞不渝的爱情的歌颂和对残酷统治的控诉。

中国古代神话故事有什么特点？

中国古代神话故事以其奇特的想象、神秘的色彩和蕴含的深刻的哲理而著称。这些故事通常描绘了神仙、妖怪、英雄等形象，讲述了他们的神奇经历和超凡能力。

知识小贴士

古代神话故事反映了古代人民对自然、宇宙和生命的认知和想象。

《盘古开天》讲述了一个什么样的故事？

《盘古开天》是中国著名的创世神话，讲述了宇宙初始如混沌一片，巨人盘古沉睡其中。一万八千年后，盘古醒来，挥斧劈开混沌：轻清之气上升为天，重浊之物下沉为地。为防天地重新合在一起，他头顶天、脚踏地，支撑在天地间，每日身高增一丈。又过一万八千年，天地稳固，盘古力竭而亡——左眼化日，右眼成月，血液变江河，呼吸作风雷，躯干为五岳，毛发作草木。

《女娲造人》讲述了一个什么样的故事?

　　《女娲造人》讲述了女娲由于感到孤独，便以泥土仿照自己的样子造人的故事。她构建了人类社会，并立下婚姻制度，人们由此繁衍后代。她也被尊为中华民族的母亲和创世女神，在民间广受崇拜。

《夸父逐日》讲述了一个什么样的故事?

　　《夸父逐日》中的巨人夸父奋力追赶太阳，最终因口渴而死在途中。他的手杖化为桃林，为后来追求光明的人解除饥渴。这个故事体现了夸父坚韧不拔的精神和对光明的追求。

《后羿射日》讲述了一个什么样的故事?

　　《后羿射日》讲述了上古时期十日并出，民不聊生，神射手后羿奉尧帝之命，挽弓射落九日，仅留一日普照万物，并诛杀凶兽凿齿、九婴等，解救苍生。传说后羿的妻子是嫦娥，民间还有嫦娥偷灵药奔月的传说。

什么是"四书"?

"四书五经"是儒家经典"四书"与"五经"的合称。其中，"四书"指的是《论语》《大学》《中庸》《孟子》。

《论语》主要记录了什么?

《论语》主要记录了孔子及其弟子的言行和思想，涵盖了哲学、政治、伦理、教育等多方面的内容，由孔子弟子及其再传弟子所作。

《论语》中的经典名句

学而时习之，不亦说乎?

有朋自远方来，不亦乐乎?

温故而知新，可以为师矣。

知之者不如好之者，好之者不如乐之者。

己所不欲，勿施于人。

欲速则不达，见小利则大事不成。

知者不惑，仁者不忧，勇者不惧。

逝者如斯夫，不舍昼夜。

《大学》的主要内容是什么？

《大学》是一篇论述儒家修身、齐家、治国、平天下思想的散文，它原是《小戴礼记》第四十二篇，是中国古代讨论教育理论的重要著作。

《中庸》的主要内容是什么？

《中庸》原属《礼记》第三十一篇，论述人生的修养境界，认为中庸之道是道德行为的最高标准，即为人处世应追求适中、平衡，避免极端。

《孟子》的主要内容是什么？

《孟子》是记录战国思想家孟子及其弟子言行的著作，体现了孟子的性善论、民贵君轻、"行仁政"等思想，流传下来的有七卷。

什么是"五经"？

"五经"指的是《诗经》《尚书》《礼记》《周易》《春秋》。

《诗经》的主要内容是什么？

《诗经》是中国最早的诗歌总集，分为风、雅、颂三部分，反映了当时社会的生活和风土人情，流传下来的诗歌有三百多篇，作者大多已经无法考证。

《尚书》的主要内容是什么？

《尚书》意为"上古帝王之书"，包含各种形式的官方文告、命令、誓词和君臣间的谈话，保存了商周时期的重要史料，编纂者是各朝官吏。

《礼记》的主要内容是什么？

《礼记》是我国古代第一部记述各种典章制度的书籍，内容涉及古代社会的礼仪、习俗、教育等多个方面，现在流行的版本由西汉戴圣辑录。

《周易》的主要内容是什么？

《周易》是最重要的儒家经典之一，被视为中国古代哲学的源头之一。它以卦象和爻辞为主要形式，探讨了自然、社会、人生等多方面的哲理，相传由周文王所作。《周易》是古代思想、智慧的结晶，内容极其丰富，对后世各个领域都产生了极其深刻的影响。

《春秋》的主要内容是什么？

《春秋》是我国现存的第一部编年体史书，是春秋时期鲁国的国史，按年记载了春秋时期鲁国及其他列国的政治、军事、外交等大事。《春秋》曾经过孔子的编辑。

《春秋》开创了"微言大义"的书写传统，通过严谨的措辞暗寓褒贬，如"弑"表示以下犯上、"伐"指正义战争、"侵"则为非正义进攻，体现了儒家"正名定分"的政治伦理思想。这种"春秋笔法"对后世史学产生了深远影响，奠定了中国史书"秉笔直书"的传统。作为儒家"五经"之一，《春秋》不仅具有重要的史料价值，更承载着深厚的道德教化意义，是中国传统政治文化的重要基石。

我国的四大名著是什么?

《水浒传》《三国演义》《西游记》《红楼梦》这四部古典长篇小说并称"四大名著",《水浒传》《三国演义》成书于元末明初,《西游记》成书于明代,《红楼梦》则成书于清代。

《水浒传》讲述了什么故事?

《水浒传》由施耐庵所著,讲述了宋江、鲁智深等一百零八位好汉在梁山泊聚义、抵抗贪官污吏,最终接受招安的故事,刻画了三十多个血肉丰满、性格鲜明的人物,暴露了封建统治阶级的残暴和腐朽。

《水浒传》中哪位好汉徒手打死了老虎?

武松打虎的故事发生在景阳冈。一日,武松酒后行至冈上,忽见一斑斓猛虎扑来。武松临危不惧,挥起拳头与虎搏斗。他凭借一身武艺和过人的勇气,几番交手后,终于将猛虎击毙。此事被传为佳话,武松也因此名扬四海。

《三国演义》讲述了什么故事?

《三国演义》由罗贯中所著,以三国时期的历史为背景,展现了曹操、刘备、孙权等各方势力的纷争与角逐,描绘了魏、蜀、吴三国争霸的宏大史诗以及人民所遭受的苦难,是我国长篇小说的开山之祖。

知识小贴士

《三国演义》情节跌宕起伏,既有"桃园三结义"的兄弟情谊,又有"三顾茅庐"的求贤佳话,展现了"天下大势,分久必合"的历史规律。这部作品将历史与艺术虚构完美结合,对后世文学创作和民间文化影响深远。

《三国演义》中的《草船借箭》是一个怎样的故事?

《草船借箭》的故事发生在三国时期赤壁之战前夕。诸葛亮向周瑜承诺在三天之内造出十万支箭。他利用大雾天气,将草人绑在船上接近曹军。曹操军队在雾中误以为是敌军来袭,于是向草船射箭。待到雾散,草船上已密密麻麻插满了箭,诸葛亮成功地完成了任务。

《西游记》讲述了什么故事?

《西游记》讲述了唐僧师徒四人历经八十一难到西天取经的传奇故事,由吴承恩融合了长期以来与取经有关的民间故事、话本、戏剧等创作而成,借神魔故事批判现实。

白龙马的来历

白龙马本是西海龙王敖闰的第三子,因年少任性犯下大错,在一次争执中纵火烧毁了龙宫大殿中玉帝赐下的明珠。其父西海龙王大义灭亲,亲自向玉帝告发亲子的罪行,三太子因此被判死刑。幸得观音菩萨出面相救,将其点化为白马,命其护送唐僧西天取经以赎罪孽。

白龙马虽外形为马,实为真龙之身,具有腾云驾雾、辨识妖邪之能。在取经途中,他仅在宝象国现出人形救主一次,其余时间都默默负重前行,最终修成正果。

020

《红楼梦》讲述了什么故事？

《红楼梦》原名《石头记》，前八十回由曹雪芹所著，后四十回被认为由高鹗所续。书中以贾、史、王、薛四大家族的兴衰为背景，展现了封建社会的种种弊端和人性的复杂多面，是我国现实主义古典小说的巅峰之作。

《红楼梦》主要人物

- 贾宝玉：衔玉而生的公子，厌恶功名
- 林黛玉：宝玉表妹，孤高才女
- 薛宝钗：宝玉表姐，端庄贤淑
- 王熙凤：管家少奶奶，精明泼辣
- 贾母：贾府最高权威，慈爱的老祖宗
- 贾政：宝玉严父，传统封建家长
- 史湘云：活泼豪爽的才女，不拘小节
- 探春：贾府三小姐，精明能干
- 妙玉：带发修行的尼姑，心性高洁

中国传统蒙学三大读物是什么?

《三字经》《百家姓》《千字文》并称为中国传统蒙学三大读物,合称"三百千",它们都有简洁通俗、读来朗朗上口的特点。其中,《三字经》是第一本三言形式的蒙学读物,被称为"蒙学第一书"。

《三字经》包含什么内容?

《三字经》是我国的传统启蒙教材,内容包含中国传统文化中的文学、历史、哲学、天文地理等,简洁通俗,朗朗上口,是我国古代经典中最易懂的读本之一,古代儿童都是通过背诵《三字经》来识字的。

《三字经》中的典故
孟母三迁　　孔融让梨　　囊萤映雪　　悬梁刺股

《百家姓》的前四姓是按照什么排列的?

《百家姓》成书于北宋时期,首句为"赵钱孙李"。因为宋朝开国皇帝姓赵,因此第一个姓就是赵。这本书据传是吴越地区的人所作,当时吴越国的国王姓钱、王后姓孙,江南地区的南唐国的国王姓李,因此依次是"赵钱孙李"。这四个姓是按照当时人们的政治地位排列的。

《千字文》包含什么内容?

《千字文》是周兴嗣按照梁武帝的要求,为了给诸皇子发蒙而编写的,全书每四字为一句,前后连贯,押韵自然,将天文地理、历史、农工、饮食起居、纲常礼教等浓缩到二百五十句话中,融知识和教化为一体。

知识小贴士

隋唐时,《千字文》在社会上广泛流传。唐宋以后,它长时期在全国范围内被用作儿童启蒙的识字教材。

我国第一部志怪小说集是什么？

东晋干宝撰写的《搜神记》是我国第一部志怪小说集，最初有三十卷，流传至今的只有二十卷。干宝搜集整理了前代的志怪故事、民间流传的传说故事，同时自编、自撰了魏晋时期的鬼神故事，全书题材广泛，技巧成熟，是中古时期志怪小说的代表。

志怪小说中，被评价为"写鬼写妖高人一等，刺贪刺虐入骨三分"的是哪部作品？

《聊斋志异》被郭沫若先生评价为"写鬼写妖高人一等，刺贪刺虐入骨三分"。这部文言短篇小说集由清代蒲松龄写成，通过将民间故事中的花妖狐鬼进行艺术化再创作，展现现实社会中的矛盾和斗争。

知识小贴士

《聊斋志异》对中国文化影响巨大。"聊斋"已成为志怪文化的代名词，由此衍生了大量影视、戏剧作品。

我国第一部农业百科全书是什么？

《齐民要术》是我国第一部农业百科全书，也是世界农学史上最早的专著之一，由南北朝时期的贾思勰所作，全书共十卷，内容包含农、林、牧、副、渔等农业范畴，里面提出的农林科技研究的方法成为后来的农学家共同遵循的守则。

我国第二部农业百科全书是什么？

《农书》是我国第二部农业百科全书，由元代农学家王祯编纂，由"农桑通诀""农器图谱""百谷谱"三部分构成，内容全面，体系完整。与其他农书相比，王祯的《农书》第一次以图文结合的方式，全面介绍了各个门类的农具。

中医四大经典著作是什么?

中医四大经典著作分别是《黄帝内经》《难经》《伤寒杂病论》和《神农本草经》。《黄帝内经》成书于战国后期,《难经》大约成书于秦汉之际,《伤寒杂病论》由汉代医学家张仲景所撰,《神农本草经》成书于汉代。

被尊称为"药王"的是谁?

孙思邈被尊称为"药王"。他是唐代医学家,自幼多病,因此立志学医,青年时期开始在乡里行医,并详细记录了200余种药材的采集与炮制方法,如阿胶、茯苓等。

他倡导以"大医精诚"的医德对待病患,无论贫富老幼、怨亲善友都要一视同仁,这一原则被历代医家推崇。

知识
小贴士

孙思邈还博取众经,结合自己的临床经验编著成《备急千金要方》和《千金翼方》,"千金"意为"人命至重,有贵千金"。

我国现存最早的中医理论著作是什么?

《黄帝内经》是我国现存最早的中医理论经典著作,分为《素问》和《灵枢》两部分,论述了人体脏腑、经络、病因、病症、针灸、治疗原则等内容,是中医学的奠基之作。

《黄帝内经》的内容十分广博,除医学外,还记载了古代哲学、天文学、气象学、物候学、生物学、地理学、数学、社会学、心理学、音律学等,并将这些知识和成果渗透到医学中,使该书成为以医学为主体、涉及多学科的重要著作。

中药巨著《本草纲目》是谁写的?

明代医学家李时珍所著的《本草纲目》,共收录药物1892种,新增药物374种,载药方11096个,附图1160幅,成为当时最系统、最完整、最科学的医药学著作,对后世影响深远,李时珍被尊为"药圣"。

《神农本草经》是神农写的吗?

《神农本草经》是编纂者托名神农所作,现在一般认为它成书于汉代,是我国现存最早的中药经典著作,是我国早期临床用药经验的第一次大总结,书中记载了300多种药物。

《骆驼祥子》这部小说讲述了什么？

《骆驼祥子》是中国现代文学家老舍的长篇小说。该作品以北平（北京）为背景，讲述了一位来自农村的人力车夫祥子在城市中的生活奋斗历程。

祥子本是淳朴的农村青年，他立志通过拉车攒钱买一辆属于自己的洋车。经历三年苦干，祥子终于如愿，但很快他的车就被乱兵掳走。祥子第二次攒钱，却被人敲诈，后来被迫与车厂老板女儿虎妞结婚。虎妞难产死后，他卖掉洋车办丧事，又痛失至爱小福子。最终，在命运一次次打击下，祥子从勤劳要强的青年堕落成麻木潦倒的行尸走肉。小说通过祥子"三起三落"的遭遇，揭露了旧社会底层劳动者被剥削压迫的黑暗现实，表达了个人奋斗在时代洪流中的无力感。

老舍笔下的祥子是一个怎样的人？

老舍笔下的祥子是一个勤劳、坚韧但又命运多舛的人力车夫。他的性格一方面老实、坚忍、自尊好强、吃苦耐劳，另一方面麻木、潦倒、好占便宜、自暴自弃。

在文学作品中，"意象"指的是什么？

意象是通过生动、具体、有形的形象描写来表达抽象思想、情感和主题的表现手法。"意"通常指的是诗人的情感、思想或欲表达的主题，是抽象的、内在的；"象"则是指具体的物象，如山水、花鸟、风雨等，是客观的、可感知的。当诗人通过文字将这两者融为一体时，就形成了我们所说的"意象"。

古代文学中的常见意象

 梅花 不屈不挠	牡丹 富贵荣华	莲花 高尚纯洁
菊花 清新高雅	兰花 高洁淡雅	 松柏 坚忍不拔
竹子 不卑不亢	 杨柳 眷恋不舍	 浮萍 漂泊无依
 禾黍 兴衰存亡	黄叶 萧瑟凄凉	草 坚韧顽强

"花"在诗词中常被赋予什么意象呢?

"花"因其不同的特性,常被诗人赋予不同的意象。比如:梅花以其傲立雪中、不畏严寒的特性,象征着坚韧不拔、自强不息的精神品质。同时,梅花也象征着高洁、清雅和超脱的品质。它的气味清香幽远,给人一种高雅脱俗的感觉。梅花在文学和绘画艺术中是重要的题材,许多诗人和画家通过描绘梅花来表达自己的情感和理想。

陶渊明为什么偏爱菊花呢?

菊花常被视为高洁、雅致的象征。它的花瓣紧密而细长,色彩纯净而鲜明,给人一种清新脱俗的感觉。在诗词中,菊花常被用来比喻品行高洁、不随波逐流的人。此外,菊花还常常与隐逸、超脱的意象相联系。

知识小贴士

在陶渊明的《饮酒》等作品中,菊花成为隐者生活的象征,表现了诗人对隐居田园、远离世俗纷扰的向往。

动物在诗词中常指代什么？

寓意意象 借代

动物是诗词中常见的意象，诗人寄情于物，为不同的动物赋予了不同的意义。比如"鸿雁"常被当作思念或书信的象征。鸿雁作为候鸟，其定期迁徙的特性使其成为思乡之情的象征。鸿雁每年南北往返，而许多人在外乡滞留，因此鸿雁的迁徙常常触发诗人对家乡的思念。鸿雁在诗词中还被赋予书信的象征。古代有雁足传书的典故，因此鸿雁常被用来比喻远方的音信或表达思念之情。

"杨花落尽子规啼"的"子规"是什么？

子规，即杜鹃鸟，在诗词中承载着丰富而深刻的意象。它常常被用来表达凄苦、哀怨、思念以及忠贞等情感。传说杜鹃啼血，声声悲切，这使其成为抒发悲苦和哀怨之情的象征。诗人常借子规之声，表达对人生苦短、世事无常的感慨，或是抒发对逝去亲人的思念之情。

"猿猴"的意象在古代文学作品中通常被用来表达什么？

猿猴多生活在高山深涧、密林等偏僻之地，其叫声在空旷的山谷中久久回荡，更显孤寂、凄凉，为诗歌增添萧瑟、落寞的氛围。另外，猿猴的叫声高亢、凄厉，类似于人类的哀号、哭泣，易表达不幸与愁苦。

"山""水"在诗词中常指代什么？

在文学作品中，山常常象征坚韧不拔，这主要是因为山本身的自然属性。山巍峨耸立，历经风雨、四季变化、岁月变迁依然屹立不倒。山的形态各异，有的如猛兽咆哮，有的似巨龙蜿蜒，这些峻峭挺拔的姿态被人们赋予了恒久不变、坚韧不拔的精神内涵。水则因其连绵不绝，常被用来表达生机和离愁别绪。

在文学作品中，"水"的意象还能代表什么？

水的流动是单向且不停歇的，就像时间只会一直向前，不会倒转，因此"水"还被人们用来比拟时光流逝。孔子在岸边看着江水滔滔不绝地流淌，就如同时光不停歇地流逝，人们无法阻止江水奔腾，也无法让时光停留，因此不由得感叹"逝者如斯夫，不舍昼夜"。

"云""月"都是诗词中常见的意象。云在天空中自由飘荡，形状变幻无穷，不受拘束，远离尘世的喧嚣和纷扰，因此诗人常常将其作为闲适自在的心境的代表。如"白云千载空悠悠"，那飘荡千古的白云，给人一种悠然闲适之感；如"行到水穷处，坐看云起时"，诗人在安静地看云升起，体现出一种超脱尘世的自在心境。"月"常象征人们的思乡之情，古人离开家乡后，在不同的地方看到的月亮都和家乡的月亮是一样的，就容易引发对故乡的思念。

"月"在古代作品中还常常被用来指什么？

"月"还象征着缺憾，因为月圆之时少，人们常见的月亮大多是处于弦月、残月等不圆满的状态，因此会让人联想到缺憾。如"举头望明月，低头思故乡""露从今夜白，月是故乡明"。

什么是"借代"？

借代是一种修辞手法，它不直接说出所要表达的人或事物的名称，而是用与之有密切关系的另一事物来代替。这种修辞方法可以使句子更加形象具体，引人联想。例如："朱门"指代富贵人家，"巾帼"指代妇女，"丹青"指代绘画。

"巾帼"和"须眉"分别代指什么？

巾帼是古代妇女戴的头巾和发饰，后来借指妇女。在古代文学作品中，"巾帼"常被用来代指英勇善战的女性英雄，突出她们的勇敢和坚毅。

须眉指的是胡须和眉毛，古时男子以胡须、眉毛浓密为美，因此须眉便成为男子的代称。

"粉黛"指的是什么？

"粉"通常指的是化妆品中的粉质材料，用来涂抹于面部，以达到美白或修饰肤色的效果；"黛"则是指古代女子用来画眉的墨，常常是黑色的。将"粉"和"黛"合在一起，"粉黛"就成了一个象征，指代那些精心打扮、年轻貌美的女子。

"黄发"指的是哪种人？

"黄发"在中国文化中常被用来代指老人，特别是年长的、有智慧的老人。古书中说："老则发白，白久则黄。"因此"黄发"被视为长寿老人的象征。

"垂髫"指的是哪种人？

"垂髫"中的"垂"意为东西的一头挂下，"髫"则指古代儿童头上下垂的头发。因此，"垂髫"直接描绘了儿童头发长到可以垂下来的样子，生动地展现了孩童时期的特征，用以指代孩子。

"布衣"是什么意思？

"布衣"在中国古代是对普通百姓的一种称呼，字面意思为"用布做成的衣服"。

知识小贴士

在古代社会，贵族或有权势的人通常会穿着用丝绸或其他高级材料制成的衣物，而普通百姓由于经济条件的限制，只能穿用普通布料制作的衣物，因此，"布衣"就成为普通百姓的代称。

"纨绔"是什么意思?

"纨绔"这个词最初指的是一种用细绢制成的裤子，因其质地细腻、华丽，多为富贵人家所穿。后来，"纨绔"一词逐渐演变为对那些游手好闲、贪图享乐的富家子弟的代称。

"杏林"用来指代什么?

据说，在东汉时期，有一位名叫董奉的名医，他医术高超，治病救人无数。更为人们所称道的是，他医治病人从不收取钱财，而是让病愈者在其住宅周围栽种杏树，以此作为对他医术的感谢。所以"杏林"成为中医学界的代名词。

"朱门"用来指什么?

"朱门"指红漆大门，古代只有贵族宅邸才能用红漆大门，"朱门"便用来借代权贵阶层。杜甫的《自京赴奉先县咏怀五百字》中的名句"朱门酒肉臭，路有冻死骨"，以强烈的对比揭露了唐代社会尖锐的阶级矛盾，是现实主义诗歌的典范。

古代文学中的借代现象

戎马 ↓ 战争	**杏林** ↓ 中医学界	**鸿雁** ↓ 书信	**庙堂** ↓ 朝廷
汗青 ↓ 史册	**华盖** ↓ 运气	**杜康** ↓ 美酒	**社稷** ↓ 国家
烽烟 ↓ 战争	**玉帛** ↓ 和平	**轩冕** ↓ 官位爵禄	**椿萱** ↓ 父母
干戈 ↓ 兵器	**青丝** ↓ 青春	**丹青** ↓ 绘画	**黄卷** ↓ 书籍
桃李 ↓ 学生	**蒹葭** ↓ 飘零	**肝胆** ↓ 诚意	**碧血** ↓ 忠贞

中国人
有学问

第二章

传统文化

古代对少儿的称谓有哪些?

度: 也称"初度",指小儿初生之时。

汤饼之期: 指婴儿出生三日。

襁褓: 未满周岁的婴儿。

乳儿: 一周岁以下的婴儿。

孩提: 大约两岁到三岁的儿童。

垂髫: 大约三岁到七岁的儿童,他们的头发开始垂下。

黄口: 十岁以下的儿童,他们的牙齿还未长全。

幼学: 大约六岁到十岁的儿童,可以开始学习。

总角: 大约七岁到十二岁的儿童,他们的头发开始束起。

"豆蔻年华"是指什么年龄?

"豆蔻年华"这一说法源于唐代诗人杜牧的《赠别》:"娉娉袅袅十三余,豆蔻梢头二月初。"

知识小贴士

杜牧用"豆蔻"来比喻十三四岁的少女,形容她们如同早春二月含苞待放的豆蔻花,充满了青春的活力和朝气。

年龄的代称有哪些？

"而立""不惑""知天命"这些年龄的代称出自孔子所说的"吾十有五而志于学，三十而立，四十而不惑，五十而知天命，六十而耳顺，七十而从心所欲，不逾矩"，后来人们就用"而立"代指三十岁，"不惑"代指四十岁，"知天命"代指五十岁。

米寿是多少岁？

米寿是八十八岁的雅称。将"米"字拆开，上下各是一个八，中间还有一个十，因此可以借指八十八，米寿便用来代指八十八岁。

米

白寿是多少岁？

白寿指的是九十九岁。将"百"字去掉上面的"一"，就是"白"，因此"白"可以看作百数减一，即九十九，因此白寿就成为九十九岁的雅称。

茶寿是多少岁？

茶寿指的是一百零八岁。"茶"字的草字头可以看作双十，相加即为二十；中间的"人"分开可以看作八，底部的"木"可以看作十和八，连起来可以看作八十八。二十加上八十八就是一百零八，因此茶寿便用作一百零八岁的雅称。

古时人们会怎么称呼家人？

家父 / 家严　对他人提及自己的父亲时的谦称。

家母 / 家慈　对他人提及自己的母亲时的谦称。

家兄 / 家姐　对他人提及自己的哥哥或姐姐时的谦称。

舍弟 / 舍妹　对他人提及自己的弟弟或妹妹时的谦称。

内子 / 内人　对他人提及自己的妻子时的谦称。

犬子 / 小儿　对他人提及自己的儿子时的谦称。

小女　对他人提及自己的女儿时的谦称。

古时人们会怎么敬称对方的家人？

令尊　对方的父亲。

令堂　对方的母亲。

令兄　对方的哥哥。

令姐　对方的姐姐。

令郎 / 令嗣　对方的儿子。

令媛　对方的女儿。

令正 / 令妻　对方的妻子。

贫贱之交
贫困时所结交的知心朋友。

刎颈之交
同生死、共患难的朋友。

总角之交
儿时相识并一直陪伴长大的朋友。

布衣之交
以平民身份交往的朋友。

患难之交
一起经历过磨难的朋友。

莫逆之交
情深义厚的朋友。

一面之交
只见过一面，彼此没有深厚交情的朋友。

常见的人际关系称谓

同僚 指在同一个部门或机构工作的同事。

同乡 指来自同一个地区或乡村的人，尤指在外地遇到的来自同一地方的人。

同窗 指在同一所学校或书院学习的同学。

常见的人际关系称谓

同门 指同一个老师的学生。

同宗 指同姓或同一家族的人。

同侪 同年龄或社会地位相近的人。

节日传统 重阳节的名字有什么含义?

重阳节是农历九月初九，在传统中，九被视为阳数，九九相重，因此这一天被称为重阳。重阳节这天，人们有登高、赏菊、插茱萸、饮酒的习俗，唐代王维就留下了"遥知兄弟登高处，遍插茱萸少一人"的诗句。重阳节也被视为老人节。

九月九日忆山东兄弟

唐·王维

独在异乡为异客，
每逢佳节倍思亲。
遥知兄弟登高处，
遍插茱萸少一人。

我独自一人在异乡漂泊，成为他乡的游子，每逢佳节来临，就加倍思念远方的亲人。遥想今日故乡的兄弟们，一定都登上了高处插戴茱萸，却发现少了我这个身在远方的人。

大年三十为什么叫"除夕"？

农历年的最后一天就是除夕，又称"大年夜"，是中国传统节日春节的前夕。"除夕"的由来，有不同的说法。有一种说法是古时候人们把农历年最后一天的晚上称为"岁除"，意味着一年的结束。而"除"字在这里有除去、结束的意思，因此这个夜晚被称为"除夕"。

除夕为什么要吃饺子？

除夕和春节吃饺子的习俗在明清时已相当盛行。饺子一般要在年三十晚上以前包好，待到半夜子时吃，这时正是农历正月初一的伊始，吃饺子取"更岁交子"之意，"子"为"子时"，"交"与"饺"谐音。吃饺子也寄寓着"喜庆团圆"和"吉祥如意"的意思。

饺子成为春节不可缺少的节日食品，究其原因，一是饺子形如元宝，人们在春节吃饺子取"招财进宝"之意；二是饺子有馅，便于人们把各种吉祥的东西包到馅里，以寄托人们对新的一年的祈望。

元宵节为什么要吃元宵？

元宵节吃元宵的习俗源于宋代。当时明州（现为浙江省宁波市）时兴吃一种新奇的食品，这种食品最早叫"浮元子"，后称"元宵"。元宵象征着团圆和美满，在这一天，人们通过吃元宵来庆祝节日，寓意着家庭和睦、幸福美满。

元宵节的由来

元宵节是中国最重要的传统节日之一，又称上元节、元夕或灯节，时间为每年农历正月十五。以古代历法而言，正月是农历的元月。《说文解字》记载："元，为始；宵，为夜。"正月十五是新年第一个月圆之夜，所以名为"元宵节"。

青玉案·元夕

宋·辛弃疾

东风夜放花千树。更吹落、星如雨。

宝马雕车香满路。凤箫声动，玉壶光转，一夜鱼龙舞。

蛾儿雪柳黄金缕。笑语盈盈暗香去。

众里寻他千百度。蓦然回首，那人却在，灯火阑珊处。

清明节人们会做些什么？

清明节，又称"踏青节"，是祭祀祖先和扫墓的日子。在这一天，人们会前往祖先墓地，献上鲜花、纸钱等物品，表达对先人的怀念和敬意。同时，清明节也是踏青的好时节，人们会到郊外游玩，享受春天的美好时光。

清　明

唐·杜牧

清明时节雨纷纷，
路上行人欲断魂。
借问酒家何处有？
牧童遥指杏花村。

清明（节选）

宋·黄庭坚

佳节清明桃李笑，
野田荒冢只生愁。
雷惊天地龙蛇蛰，
雨足郊原草木柔。

知识小贴士

清明节还有荡秋千、放风筝、植树、插柳等习俗。

端午节人们会做些什么？

端午节在农历五月初五，以吃粽子、赛龙舟为主要习俗。粽子是用糯米和各种馅料包裹而成的美食，寓意着团圆和丰收。赛龙舟则是为了纪念古代爱国诗人屈原而兴起的活动，展现了团队协作和奋勇争先的精神。

屈原为什么被称为伟大的爱国诗人？

屈原是战国末期楚国政治家、诗人，中国浪漫主义文学奠基人。他出身楚国贵族，主张内修法度、外抗强秦，因遭贵族排挤被流放。后因楚国郢都被秦军攻破，悲愤投汨罗江殉国。

《离骚》是屈原以自己的理想、遭遇、痛苦、热情以至整个生命所熔铸而成的宏伟诗篇，闪耀着他鲜明的个性光辉。

原句	长太息以掩涕兮，哀民生之多艰。
译文	我长叹一声掩面流泪啊，哀叹百姓生活如此艰难。 ★ 体现屈原对人民的深切悲悯。

原句	路漫漫其修远兮，吾将上下而求索。
译文	前路漫长而遥远啊，我将上天入地追寻理想。 ★ 成为鼓励人们追求真理的永恒金句。

十二生肖是怎么来的?

十二生肖

关于十二生肖的起源,有很多不同的说法。流传得最广的一种是:玉帝要选十二种动物作为人类的生肖,动物们为了争得一个名额,纷纷报名参加。经过一场激烈的比赛,鼠、牛、虎、兔、龙、蛇、马、羊、猴、鸡、狗、猪这十二种动物被确定为生肖。

怎样快速地记住十二生肖及其顺序?

可以通过《十二生肖顺口溜》来记忆:老鼠前面走,跟着老黄牛。老虎大声吼,兔子抖三抖。天上龙在游,地上蛇在扭。马儿路边遛,羊儿过山沟。猴子翻筋斗,公鸡喊加油。守门大黄狗,贪睡肥猪头。

你属什么的?

属兔。

"金兰之交"是什么交情?

"金兰之交"源于《周易》中的"二人同心,其利断金;同心之言,其臭如兰"。人们用"金兰"来比喻朋友之间深厚的情谊,特别是指那种志同道合、心意相通的友谊。

古代亲友离别时,会互赠什么呢?

在古代,人们常常在送别亲友时折柳相赠,寓意友谊和情感的延续。这种传统逐渐演变成了"折柳送别"的文化习俗,使杨柳成为离别时眷恋不舍的情感的象征。唐代大诗人李白就曾经写下"此夜曲中闻折柳,何人不起故园情"的诗句。

春夜洛城闻笛

唐·李白

谁家玉笛暗飞声,
散入春风满洛城。
此夜曲中闻折柳,
何人不起故园情。

不知从谁家悄悄飘来悠扬的笛声,随着春风散落,传遍整个洛阳城。今夜听到这哀婉的《折杨柳》曲调,谁能不涌起思念故乡的深情?

"六艺"指的是什么?

"六艺"指的是西周时期贵族教育体系中学生需要掌握的六种基本艺能,即礼、乐、射、御、书、数。其中,礼指的是礼仪,乐指的是乐舞,射指的是射箭技术,御指的是驾驭技术,书指的是文字读写,数指的是算法。

六艺

礼: 吉礼、凶礼、军礼、宾礼、嘉礼。

乐:《云门大卷》《咸池》《大韶》《大夏》《大濩》《大武》。

射: 白矢、参连、剡注、襄尺、井仪。

御: 鸣和鸾、逐水曲、过君表、舞交衢、逐禽左。

书(周礼并未说明,这些是后人的猜测): 象形、指事、会意、形声、转注、假借。

数: 天文、历法、算术等方面的知识。

我国最早的纸币是什么？

北宋的交子是我国最早的纸币，同时也是世界上最早的纸币，诞生于10世纪末至11世纪初的四川地区。交子起初由成都地区的十六家富商联名发行，持有交子的人可以到交子户处兑换铁钱。后来官府禁止商户发行的交子流通，并开始发行官办交子。它的出现不仅推动了宋代商品经济的发展，也对全球金融体系产生了深远影响。

古代的钱也有防伪标记吗？

北宋交子作为世界上最早的纸币，其防伪技术体现了古代中国的智慧。由于纸币易于伪造，官府和民间采取了一系列手段确保其信用：

1. 特殊纸张与印刷工艺；

2. 密押与暗记；

3. 精细的花纹，复杂的图案。

知识小贴士

北宋初年，四川用铁钱，1000个大钱约重25斤，买1匹绢需要90斤到上百斤的铁钱，流通很不方便。于是，商人才发行了交子，代替金属钱币流通。

"三星高照"中的"三星"是哪三星？

"三星高照"中的"三星"指的是福禄寿三星。古时人们认为星辰都有自己的星官，司掌不同的职责，福星专门赐予福气好运，禄星负责加官晋爵，寿星保佑人们长生不老。三星高照意味着幸福、富有和长寿。

除"三星"外，古代还有什么和"三"有关的说法？

除"三星"外，古代还有"三牲"的说法。三牲是中国古代的祭祀用品，指的是牛、羊、猪三种动物。三牲也被称为"太牢"，是天子祭祀天地神祇的礼仪规格，只有猪和羊的牺牲被称为"少牢"。

我国的茶主要有哪些?

我国主要有六大类茶,分别是绿茶、红茶、青茶、白茶、黄茶和黑茶。其中绿茶是不发酵茶,红茶、青茶、白茶、黄茶和黑茶都要经过不同程度的发酵。青茶也称乌龙茶。

我国的江北茶区以生产绿茶为主,河南的信阳毛尖、陕西的紫阳富硒茶等都是该区的名茶;在江南茶区,西湖龙井、洞庭碧螺春、太湖龙井和湖南的安化黑茶、君山银针及江西的井冈山茶等都十分有名;西南茶区的云南普洱茶和滇红茶尤为著名,四川的峨眉雪芽、蒙顶甘露也享有盛誉;华南茶区的福鼎白茶、正山小种红茶等都极具代表性。

最古老的茶叶品种是什么?

绿茶是最古老的茶叶品种,通过杀青、捻揉和干燥等工序加工而成,因为没有发酵过程,因此更多地保留了茶叶中的天然物质。绿茶是我国的主要茶类之一,龙井、碧螺春、毛尖都属于绿茶。

中国人
有学问

第三章

科技地理

"五岳"是指哪五座山?

"五岳"是指东岳泰山、西岳华山、南岳衡山、北岳恒山、中岳嵩山。其中,泰山自古为百姓崇拜、帝王告祭之神山。华山以险峻著称,有"奇险天下第一山"的美誉。衡山因形如衡器而得名。恒山以幽静著称,自然风光独特,富含矿产资源。嵩山绵延百里,是中华文明重要发源地之一。

五岳之首是什么?

泰山是五岳之首,位于山东泰安境内,绵亘于泰安、济南、淄博三市之间,总面积25000公顷,主峰玉皇顶海拔约1545米。古代帝王多在此封禅、祭告天地,多古迹和文人墨迹,是著名的旅游胜地。现存秦代至清代碑刻2200余处,岱庙天贶殿与北京故宫太和殿、曲阜孔庙大成殿并称"东方三大殿"。

泰山植被垂直带谱完整,涵盖温带至高山草甸生态系统,特有物种如泰山赤鳞鱼,是国家二级保护动物。1987年,泰山被联合国教科文组织列为中国首例世界文化与自然双重遗产。

在地理中，山南水北谓之阳，山北水南谓之阴。比如：阳关就是因为位于玉门关之南，才被称为阳关。

阳关大道最初指的是通往哪里的道路?

阳关大道最初指的是经过阳关通往西域的道路。阳关是丝绸之路南路的必经关隘，它和玉门关都是当时中原与西域交通的门户。现在人们常用阳关大道形容交通便利的道路和光明的道路，也比喻好的办法和出路。

凉 州 词
唐·王之涣

黄河远上白云间，
一片孤城万仞山。
羌笛何须怨杨柳，
春风不度玉门关。

黄河仿佛从白云间奔腾而来，一座孤城矗立在万丈高山之间。羌笛何必吹奏哀怨的《折杨柳》曲，春风本就吹不到这荒凉的玉门关。

长城有多长?

长城是中国古代规模最宏大的防御工程，它的修建始于春秋时期，一直到明代末期，长城始终在被修缮和增筑。明代长城的规模最大，东起鸭绿江，西达嘉峪关，全长约7350千米，现在保存下来的大多是明长城。

自秦始皇以后，凡是统治着中原地区的朝代，几乎都要修筑长城。汉、晋、北魏、东魏、西魏、北齐、北周、隋、唐、宋、辽、金、元、明等十多个朝代，都不同规模地修筑过长城。

长城在古代有什么作用？

长城的主体是高大、坚固的城墙，构成一个复杂的防御体系，主要用于限制敌骑的行动、保护边境安全。长城不仅是中国古代建筑技术的杰出代表，也是人类建筑史上的奇迹，象征着中国古老的军事智慧。

中国南海陆地面积最大的群岛是什么?

西沙群岛是中国南海陆地面积最大的群岛。它位于海南岛东南约330千米,有宣德、永乐两岛群,主要岛屿有永兴岛、赵述岛、珊瑚岛等,其中永兴岛的面积最大,有1.85平方千米。

丰富的动物资源

西沙群岛的珊瑚礁鱼类超过400种,珊瑚、软体动物、甲壳动物也非常丰富,包括扇蟹、蜘蛛蟹、锦绣龙虾、黑吉对虾、磷虾等。

丰富的能源

西沙群岛常年多风,风力资源丰富,年平均风速达5～6米/秒,是风力发电的最佳风速,为风力发电提供了稳定而充沛的能源。

哪个湖位于"人间天堂"？

西湖位于有"人间天堂"之称的杭州，以其秀丽的湖光山色和深厚的文化底蕴闻名于世。现存历代文物遗迹100余处，包括白堤、苏堤等水利工程，以及岳飞墓、灵隐寺等历史遗存。西湖不仅是自然美景的代表，更是中国文化和历史的珍贵遗产。

饮湖上初晴后雨

宋·苏轼

水光潋滟晴方好，
山色空蒙雨亦奇。
欲把西湖比西子，
淡妆浓抹总相宜。

晓出净慈寺送林子方

宋·杨万里

毕竟西湖六月中，
风光不与四时同。
接天莲叶无穷碧，
映日荷花别样红。

地理常识 二十四节气是怎么来的？

节气最早起源于夏朝，古人通过长期观察太阳周年运动，总结出一年中时令、气候、物候等方面的变化规律。这些规律不仅指导着古人的农业生产，还演变成了岁时节令文化。节气产生的原因是地球的公转运动。地球绕太阳公转产生了四季的变化，一年有十二个月，每隔十五天一个节气，因此一年共有二十四个节气。

春季有哪些节气呢？

春季是一年中气温逐渐回暖、万物复苏的季节。春季包括立春、雨水、惊蛰、春分、清明和谷雨六个节气。立春标志春季的开始，万物复苏。雨水意味着降雨开始增多，空气湿度逐渐增大。惊蛰春雷始鸣，惊醒了越冬的蛰虫，春天的气息愈发浓厚。春分时昼夜平分，春季已过一半。清明时天气清澈明朗，适合扫墓和踏青。谷雨降雨滋润谷物生长，对农作物的生长至关重要。

夏季有哪些节气呢?

夏季节气包括立夏、小满、芒种、夏至、小暑和大暑。立夏是夏季的开始，万物生长旺盛。小满时麦类等作物籽粒开始饱满，但尚未成熟。芒种适合种植有芒的谷类作物。夏至时太阳直射北回归线，北半球白昼时间最长。小暑时天气变炎热，但还未到最热的时候。大暑是一年中最热的时期，需注意防暑降温。

秋季有哪些节气呢?

秋季节气包括立秋、处暑、白露、秋分、寒露和霜降。立秋是秋季的开始，天气逐渐转凉。处暑表示炎热即将过去。白露时天气转凉，夜晚地面上的水汽凝结成露珠。秋分时昼夜平分，秋季已过一半。寒露天气昼暖夜凉，少雨干燥。霜降开始气温骤降，昼夜温差大。

冬季有哪些节气呢?

冬季节气包括立冬、小雪、大雪、冬至、小寒和大寒。立冬是冬季的开始，万物准备休养。小雪时天气越来越冷，降水量渐增。大雪时气温

显著下降，有些地方可能降雪。冬至时太阳直射南回归线，北半球白昼最短。小寒气候更加寒冷，但还未到最冷的时候。大寒之后是一年中最冷的时期，需注意保暖防寒。

冬季节气

立冬

小雪

大雪

冬至

小寒

大寒

农历中的朔、望分别是哪一天?

农历中的朔日指的是每月初一,望日则是十五、十六、十七这三天中的一天。朔望的说法来自月相的变化,新月为朔,满月为望,人们把包含朔时刻的那一天定为朔日,包含望时刻的那一天称为望日。

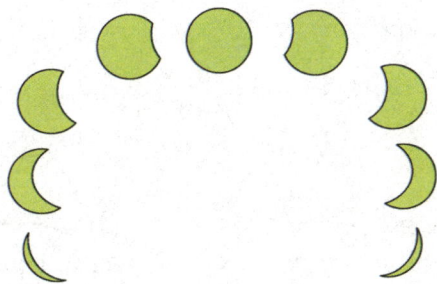

"一寸光阴一寸金"中的"寸"是什么意思?

"一寸光阴一寸金"中的"寸"是古代计时器日晷的测量单位。日晷通常由铜制的晷针和石制的晷面构成,晷面上刻有十二个大格,太阳光照射日晷时,晷针的影子投向晷面,随着太阳的移动,影子也慢慢移动。一寸光阴就是晷面上晷针的影子移动一寸距离耗费的时间。

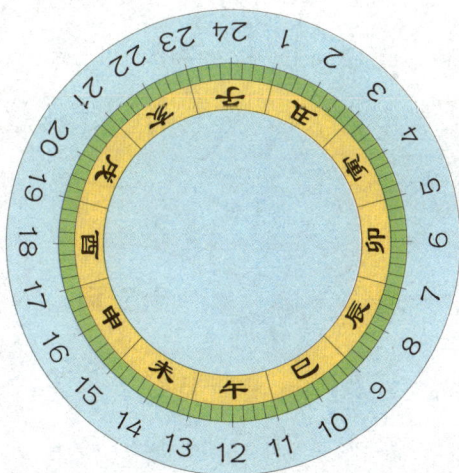

古代对月份的各种雅称

一月
↓
孟春　初春
新春　初阳

二月
↓
仲春　花月
杏月　春中

三月
↓
季春　暮春
晚春　余春

四月
↓
孟夏　初夏
夏首　新夏

五月
↓
仲夏　盛夏
夏半　芒种

六月
↓
季夏　晚夏
焦月　暑月

七月
↓
孟秋　瓜月
初秋　早秋

八月
↓
仲秋　仲商
桂秋　正秋

九月
↓
季秋　暮秋
朽月　三秋

十月
↓
孟冬　初冬
早冬　开冬

十一月
↓
仲冬　霜月
复月　暮冬

十二月
↓
季冬　暮岁
冰月　严月

景泰蓝起源于什么时候?

景泰蓝是北京特色传统手工艺品之一,起源于宋朝,盛行于明朝景泰年间,因为初创时大多用宝石蓝、孔雀蓝色釉作为底衬色,因此被称为景泰蓝。

北京景泰蓝有什么特点?

景泰蓝的艺术特点可用形、纹、色、光四字来概括:

良好的造型取决于制胎;

优美的装饰花纹取决于掐丝;

华丽的色彩取决于蓝料的配制;

辉煌的光泽取决于打磨和镀金。

所以,景泰蓝集美术、工艺、雕刻、镶嵌、玻璃熔炼、冶金等专业技术于一体,具有鲜明的民族风格和深刻文化内涵。

知识小贴士

景泰蓝又称陶胎掐丝珐琅,它的特点是在金属胎上嵌丝后再施加珐琅釉,纹样繁复,色彩典雅,备受皇室的喜爱。

青花瓷是哪个时期成功烧制出的?

唐代陶工在白瓷的基础上发展出了白釉蓝彩的装饰技法,成功烧制出来青花瓷。但直到宋代,青花瓷的作品依然很少,到元代中后期,青花瓷迅速发展,成为中国的瓷器代表之一。

青花瓷在古代有什么用?

1

青花瓷碗、盘、瓶等在日常生活中被广泛使用,满足了人们的饮食和存储需求。

2

青花瓷也用于宗教祭祀,如青花瓷香炉、烛台等。这些器皿不仅具有实用性,还因其精美的图案和工艺,增加了宗教仪式的庄重感和神圣性。

3

青花瓷在古代还常被用作外交礼品。青花瓷因其独特的艺术价值,常被作为国礼赠送给他国使节或贵族,体现了中国与外界的文化交流和友好关系。

瓷器业在历史上哪个朝代发展最繁荣?

宋代是传统制瓷工艺发展史上一个非常繁荣的时期。宋朝瓷器以其古朴深沉、素雅简洁,同时千姿百态、各竞风流的气象闻名世界,对世界陶瓷艺术的发展产生了深远的影响。

中国有哪四大瓷窑?

中国四大瓷窑是河北磁州窑、浙江龙泉窑、江西景德镇窑和福建德化窑。

河北磁州窑是中国古代北方最大的一个民窑体系,其瓷器多以实用为主。

浙江龙泉窑开创于三国两晋时期,是中国最早的青瓷制作地之一。江西景德镇窑起源于唐代,后成为中国最著名的瓷器产地之一。福建德化窑以白瓷塑佛像而著名。

知识小贴士

唐三彩是一种风格独特、绚丽多彩的陶器,它盛行于唐代,以黄、绿、蓝、白、褐等色彩为主,各种颜色相互浸润,形成流畅、斑斓的美丽釉面。唐代三彩器的制作地点主要分布在长安和洛阳,题材以人物、动物、器皿为主,三彩马和各种舞俑尤为生动,代表了唐代陶瓷工艺的高超水平和独特风格。

什么是雕版印刷?

中国古代四大发明之一的印刷术指的就是雕版印刷术,这种工艺通过将文字、图像反向雕刻在木板上,再在印版上刷墨、铺纸、施压,使印版上的图文转印于纸张。现存最早的雕版印刷品是西安唐墓出土的印刷品《陀罗尼经》。

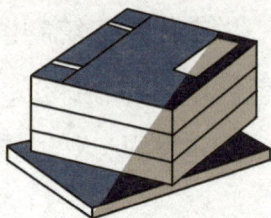

谁对纸的普及做出了巨大贡献?

公元105年左右,蔡伦改进了造纸术,所造出的纸被称为"蔡侯纸"。蔡伦的造纸工艺,使得纸张的生产更为便捷、经济,极大地促进了书籍的复制和知识的传播,对世界文化发展产生了深远影响。

知识小贴士

西汉时期,人们已经懂得了造纸的基本方法。东汉时,宦官蔡伦总结前人经验,改进造纸工艺,用树皮、麻头、破布、旧渔网等植物纤维为原料造纸,使纸的质量大大提高。有观点认为,西汉古纸不符合纸的要求,并不算纸,只有蔡侯纸才是真正的纸,其影响力和首创地位无可动摇。

活字印刷术是谁发明的？

北宋时期，毕昇发明了活字印刷术。活字印刷术的出现，使得书籍的复制更加快速和灵活，极大地降低了书籍的生产成本，促进了文化和科学的广泛传播。

活字印刷的方法

活字印刷的方法是先制成单字的阳文反文字模，再按照稿件把单字字模挑选出来，依次排列在字盘内，涂墨印刷，印完后再将字模拆出，留待下次排印时使用。

活字印刷的优势

毕昇发明的活字印刷术，如果只印二三本，并不算省事，但如果印成百上千份，工作效率就极其可观了，不仅能够节约大量的人力物力，而且可以大大提高印刷的速度和质量，比雕版印刷要优越得多。

知识小贴士

毕昇还试验过木活字印刷，由于木料纹理疏密不匀，刻制困难，木头沾水后易变形，以及和药剂粘在一起不容易分开等原因，毕昇最终没有采用这种方式。

火药最初是用于军事吗？

唐朝末年，出现了火药。火药最初被用于医疗和宗教仪式，后来被用于军事。火药的发明改变了战争的形式，对军事战术和武器的发展产生了重大影响，同时也促进了矿业和建筑业的发展。

火药源于炼丹术

炼丹术起源很早，《战国策》中已有方士向荆王献不死之药的记载。汉武帝也妄想"长生久视"，并亲自炼丹。炼丹者虽然掌握了一定的化学炼制方法，但是他们的方向是求长生不老之药，因此火药的发明具有一定的偶然性。

虽然炼丹家知道硫、硝、碳混合点火会发生激烈的反应，并采取措施控制反应速度，但是因炼丹而引发失火的事故时有发生。炼丹起火，启示人们认识并发明了火药。

知识小贴士

由于火药的发明来自制丹配药的过程中，火药被发明之后，曾被当做药类。《本草纲目》中就提到火药能治疮癣，杀虫，辟湿气、瘟疫。

司南是什么？

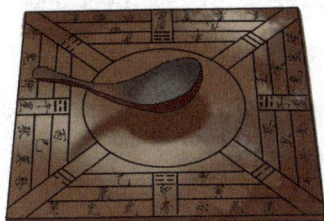

战国时期已有指南针的原型，被称为司南。指南针被用于航海和地理探索，它的发明极大地提高了航海的准确性和安全性，促进了海上贸易和地理大发现时代的到来。

中国古代四大发明

世界上规模最大的木结构建筑群是什么？

世界上规模最大的木结构建筑群是故宫。故宫始建于1421年，是明清两个朝代的皇宫，被称为紫禁城。1925年建故宫博物院后，这里才被称作故宫。故宫的城墙有10米高，南北长961米，东西宽753米，城墙外还有52米宽的护城河。

故宫有4座城门，南面为午门，北面为神武门，东面为东华门，西面为西华门。城墙的四角各有一座风姿绰约的角楼。

北京故宫藏有大量珍贵文物，设立了综合性的历史艺术馆、绘画馆、陶瓷馆、青铜器馆、明清工艺美术馆、铭刻馆、玩具馆、文房四宝馆、清代宫廷典章文物展览等，是中国收藏文物最丰富的博物馆之一。

苏州古典园林有什么特点？

苏州古典园林出现于春秋，发展于晋唐，繁荣于两宋，全盛于明清。苏州古典园林是中国园林艺术的杰出代表，以其精巧的布局、和谐的自然美和深厚的文化底蕴著称。

模拟自然山水：园林中巧妙运用假山、流水等元素，在有限空间内再现自然景观。假山多采用太湖石，追求"瘦、皱、漏、透"的审美效果。

精巧的空间布局：路径迂回，建筑错落，创造出一步一景的美妙体验。拙政园便以"移步换景"的造园艺术闻名。

建筑与自然融合：建筑形式多样，注重与环境的协调，常用镂空花窗实现透景。

诗画般的文化意境：园中常用匾额、楹联、书画装饰深化意境，体现文人雅趣。

福建土楼有什么特点？

建筑文化

福建土楼是中国福建省独特的传统民居建筑，这些土楼多为圆形或方形，由夯土墙和木结构组成，具有良好的防御功能。土楼内部通常设有多个家庭的居住空间，中心为公共区域。福建土楼以其历史悠久、多姿多彩、规模宏大、结构精巧、功能齐全、内涵丰富著称于世。

福建土楼遵循了"天人合一"的东方哲学理念，就地取材，选址或依山就势，或沿循溪流，以生土、竹木、卵石为材料，建筑风格古朴优美，注重实用，抗震防风，冬暖夏凉，形成了适宜的人居环境以及人与自然和谐统一的景观。

知识小贴士

土楼的建筑方式最初是出于对族群安全的考虑：在外有倭寇入侵、内有连年内战的情势之下，举族迁移的客家人不远千里来到他乡，选择了这种既有利于家族团聚，又能防御入侵的建筑方式。

"皇家园林博物馆"是哪座园林?

颐和园是清朝时期的皇家园林,坐落在北京西北,前身为清漪园,全园占地超过3平方千米。它是以昆明湖、万寿山为主体,模仿江南园林的设计手法而建成的一座大型山水园林,被誉为"皇家园林博物馆"。

知识小贴士

颐和园最突出的特色在于山环水抱的自然景观和具有皇家气派的宫苑建筑完美结合,以昆明湖、万寿山为基址,在真山、真水中进行景点设计,既突出皇家气派,又体现了园林与山水的和谐统一,将自然美与人工雕琢巧妙地融于一体。

赵州桥建于什么时期？

赵州桥建于隋朝，是世界上现存年代最久远的单孔石拱桥，设计者是李春。赵州桥的设计和建造展示了中国古代桥梁筑造技术的先进性，其稳定的结构和美学设计对后世桥梁建筑产生了深远的影响。

赵州桥建造工艺独特，在世界桥梁史上首创"敞肩拱"结构形式，具有较高的科学研究价值，建造材料选用了附近州县生产的质地坚硬的青灰色砂石。

合理选址也是赵州桥成为千年古桥的一个重要原因。李春将赵州桥的基址选在洨河的粗砂之地，是因为以粗砂为根基可提升桥梁的承重力度，以确保桥梁的稳定性。赵州桥以"千年不倒"的奇迹，展现了隋代工匠的卓越智慧。

莫高窟为什么是世界上最大的佛教艺术宝库之一？

莫高窟，又称"千佛洞"，位于中国甘肃省敦煌市，是世界上最大的佛教艺术宝库之一。它始建于366年，历经多个朝代的开凿和修建，雕像和壁画精美绝伦，千年间佛教艺术在此绵延传承，是研究中国古代政治、经济、文化、艺术、宗教的重要资料。

敦煌石窟艺术的重要组成部分——敦煌壁画

敦煌壁画是我国古代艺术的瑰宝，其内容以佛教题材为主，包括佛经故事、菩萨像、飞天、供养人等，同时融合了丝绸之路多元文化元素，展现了中原、西域、印度等地的艺术风格。壁画艺术题材多样，色彩绚丽，线条流畅，尤以"飞天"形象和"反弹琵琶"舞姿闻名。作为世界文化遗产，敦煌壁画不仅是宗教艺术的巅峰之作，更是研究古代艺术、文化、科技等的珍贵史料，被誉为"墙壁上的博物馆"。

被誉为"世界第八大奇迹"的是哪个文化遗产？

秦始皇陵兵马俑被誉为"世界第八大奇迹"。兵马俑坑是秦始皇陵的一部分，出土了成千上万的陶俑和陶马匹。这些兵马俑各具特色，栩栩如生，展示了秦朝军队的威武雄壮。兵马俑为研究秦朝历史、文化、军事提供了珍贵的实物资料，吸引了世界各地的游客和学者前来参观研究。

艺术影响	秦始皇陵兵马俑气势磅礴，从形体到神韵千人千样，给世人留下了高超的古代艺术范本。
科技影响	兵马俑坑出土文物所展现的秦代冶金和金属加工技术比以往的估计要高出很多，其中青铜防锈技术就极具代表性，兵马俑坑出土的绝大多数兵器表面都涂有保护层。
军事影响	这些按当时军阵编组的陶俑、陶马为秦代军事编制、作战方式、骑步卒装备的研究提供了形象的实物资料。
历史影响	秦俑的身高、体魄、服饰发髻、刻记文字以及秦人在俑坑留下的生产工具和劳作痕迹，都能从不同侧面反映出秦代社会生活的真实景象，反映出一个时代的文化特质。

京杭大运河最早是何时开凿的?

京杭大运河最早开凿于春秋时期,吴王夫差开挖的邗沟是大运河的第一段。在隋朝和元朝,京杭大运河经历过大规模的扩展,人们将天然河道加以疏浚修凿,连接在一起,使大运河全长达到1747千米,成为我国南北经济和文化交流的要道。

京杭大运河一共分为几段?

京杭大运河一共分为7段,北起北京,南至杭州,北京市区到京郊通州段称通惠河,通州到天津段称北运河,天津到山东临清段称南运河,临清到台儿庄段称鲁运河,台儿庄到淮安段称中运河,淮安到扬州段称里运河,镇江到杭州段称江南运河。

四大名窟与四大名园

四大名窟
- **莫高窟** 位于甘肃省敦煌市
- **云冈石窟** 位于山西省大同市
- **龙门石窟** 位于河南省洛阳市
- **麦积山石窟** 位于甘肃省天水市

四大名园
- **拙政园** 位于江苏省苏州市
- **颐和园** 位于北京市
- **避暑山庄** 位于河北省承德市
- **留园** 位于江苏省苏州市

中国人
有学问

第四章

艺 术

中国古典十大名曲是什么？

中国古典十大名曲是《高山流水》《广陵散》《平沙落雁》《梅花三弄》《十面埋伏》《春江花月夜》《渔樵问答》《胡笳十八拍》《汉宫秋月》和《阳春白雪》。

古代音律中的五音是指什么？

中国古代音律中的五音指的是宫、商、角、徵、羽五种音阶，在声韵学中它们分别与喉、齿、牙、舌、唇的不同发音部位相配，分别相当于现在唱名中的 do、re、mi、sol、la。

"下里巴人"指的是什么？

"下里巴人"指的不是人，而是通俗文学艺术的泛称。下里巴人原本是春秋时代楚国的民间歌曲，"下里"就是乡里的意思，"巴人"指巴蜀的人民，它们代表了创作歌曲的地方和人。

知识小贴士

现在人们通常用"下里巴人"指代通俗文化，与"阳春白雪"代表的高雅文化相对。

戏剧
乐曲

唱念做打分别指什么？

唱念做打是戏曲表演的四种艺术手段。唱指唱功；念指念白；做指做功，也就是形体动作表演；打指武打。戏曲演员从小就要训练这四种基本功，才能在舞台上呈现出精妙绝伦的表演。

梨园弟子指的是从事哪个行业的人？

梨园弟子是戏剧演员的代称。这个称呼源于唐代，唐玄宗精通音律，曾在长安的禁苑中一处叫梨园的地方设置了专门教习演奏人员的机构，并且亲自矫正乐工的发音，后来梨园演变成教习音乐、歌舞、戏曲的地方，这里的演习人员就被称为梨园弟子或梨园子弟，后来，梨园弟子演变成戏剧演员的代称。

唱	指戏曲中的歌唱部分，通过唱腔来表达情感、叙述剧情。
念	指戏曲中的念白，即角色之间的对白或独白。
做	指表演中的身段动作，包括手势、眼神、步法等，用以刻画人物性格和情绪。
打	指武打动作，包括翻腾、格斗、兵器对打等，常见于武戏。

戏剧乐曲

什么是戏剧?

戏剧是一种综合性的舞台表演艺术,通过语言、动作、舞蹈、音乐等形式在舞台上表演故事或情境,以达到叙事和表达的目的。

戏剧的表演形式多种多样,常见的包括话剧、歌剧、舞剧、音乐剧、木偶戏和皮影戏等。

越剧有什么特点?

越剧起源于浙江嵊州,是中国第二大戏曲剧种。越剧以抒情、优美、流畅的特点著称,通过细腻的表演和真挚的情感,展现人物的内心世界和情感变化。其曲调优美动听,表演真切动人,唯美典雅,极具江南特色。

知识小贴士

越剧在影响遍及全国的同时,还走出国门,在国际上赢得盛誉,在国外被称为"中国歌剧"。

豫剧有什么特点?

豫剧,又名河南梆子,是中国第一大地方剧种,也是中国五大戏曲剧种之一。豫剧唱腔铿锵大气、抑扬有度、行腔酣畅,吐字清晰、韵味醇美,生动活泼,有血有肉,善于表达人物内心情感,深受广大观众的喜爱。

京剧是怎么出现的?

京剧是我国国粹，它形成于清代。清代乾隆至道光年间，安徽的徽剧和湖北的北调戏班进京演出，众多戏班聚集在京城中，京剧就在这两种地方戏的基础上吸收了昆曲和北方梆子戏的曲调，再结合北京的语言特点逐渐形成了。

中国影响最大的戏曲剧种是什么?

京剧是中国影响最大的戏曲剧种之一，也是中国国粹。它形成于清代乾隆至道光年间，融合了唱、念、做、打等多种表演艺术形式，以丰富的脸谱、华丽的服饰和独特的唱腔著称。京剧的角色分为生、旦、净、末、丑等行当，每个行当都有其特定的表演技巧和风格。

知识小贴士

京剧名曲:《四郎探母》《贵妃醉酒》《空城计》《智取威虎山》《红灯记》。

中国传统乐器有什么？

　　中国传统乐器包含琴、筝、笛、箫、编钟等，早在三千多年前的《诗经》中，就有关于乐器的记载。大众熟知的古筝，又称汉筝、秦筝，就是中国传统弹拨弦鸣乐器。古筝通常由二十一根弦组成，通过左手按弦、右手拨弦，来演奏出丰富的音乐旋律。古筝音色优美动听，演奏技巧丰富，具有相当强的表现力。

古筝名曲
《渔舟唱晚》《高山流水》《云水禅心》《寒鸦戏水》《出水莲》《春江花月夜》

哪种民族乐器是弹拨乐器首座？

　　琵琶作为一种拨弦类弦鸣乐器，已有两千多年的历史。琵琶的音色明亮、激昂，富有表现力，既能够表现细腻委婉的曲调，也能够演绎气势磅礴的音乐。

琵琶名曲
《十面埋伏》《阳春白雪》《汉宫秋月》《梅花三弄》《渔樵问答》《胡笳十八拍》《霓裳羽衣》《塞上曲》

在唐朝由西域胡人传至中原的是哪种民族乐器？

二胡在唐朝由西域胡人传至中原，至今已有一千多年的历史。二胡由两根弦组成，通过弓擦弦来发声，演奏时需要左右手配合，技巧性很强。二胡音色柔和，表现力丰富，擅长表现深沉、悠远的情感。

二胡名曲
《二泉映月》《良宵》《听松》《空山鸟语》《寒春风曲》《月夜》《流波曲》《病中吟》

"士无故不撤琴瑟"说的是哪种乐器？

这句话说的是古琴。古琴是中国最古老的弹拨乐器之一，有三千年以上的历史。古琴音色深沉、醇厚，余音悠远，能够表现出丰富的情感变化。

古琴名曲
《潇湘水云》《广陵散》《高山流水》《渔樵问答》《平沙落雁》《阳春白雪》《胡笳十八拍》《阳关三叠》《梅花三弄》《醉渔唱晚》

知识小贴士

古琴在古代是文人雅士修身养性的必备之物，有"士无故不撤琴瑟"之说。

中国古代著名大型打击乐器是什么？

编钟是中国古代大型打击乐器，发端于周朝，在春秋战国及秦汉时期极为兴盛。编钟是将众多大小各异的扁圆钟依音调高低顺序排列，悬挂于巨大钟架之上。演奏时，用丁字形木槌和长形棒分别敲击铜钟，可发出各不相同的悦耳乐音。

编钟的发声原理是什么？

编钟的发声原理大体是通过敲击使钟体振动产生声波。音高由钟的大小、厚度决定：体积大、壁薄则音低；体积小、壁厚则音高。编钟组合通过尺寸渐变实现音阶排列。

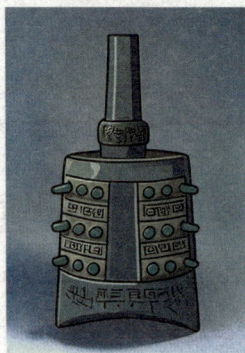

著名的曾侯乙墓编钟

1978年，在湖北随州南郊擂鼓墩的战国时代的曾侯乙墓出土的编钟，是至今为止所发现的成套编钟中最引人注目的一套，这套编钟之大，足以占满一个现代音乐厅的整个舞台。经声学专家研究，这套编钟中的每只钟都可以发出两个不同的乐音，只要准确地敲击钟上标音的位置，它就能发出合乎一定频率的乐音，整套编钟能奏出现代钢琴上的所有黑白键的音响。

汉族乐器中最有特色的吹奏乐器是什么？

汉族乐器中最具代表性、最有民族特色的吹奏乐器是笛子，它也是中国的传统乐器之一，距今已有八九千年的历史了。笛子音色清亮悠扬，通常由竹子制成，有多个孔位，通过吹气和控制不同孔位的开合来发出不同音高的声音。

笛子的音域为两个八度加一个音，音色宽松、浑厚、圆润、明亮，吹奏出的声音清脆悦耳，宛如龙吟，被古人誉为"龙吟凤鸣"。

笛子的表演形式有哪些？

笛子有独奏、伴奏、合奏等多种艺术表现形式，是民间音乐、地方戏曲、民族歌舞的重要伴奏乐器，在民族乐队中起着重要的作用。

知识小贴士

笛子历史悠久，可以追溯到新石器时代。那时，先辈们用骨笛模仿动物鸣叫，辅助狩猎；或把骨笛作为部落间传递信息的信号工具，其高亢的音调可以穿越到很远的距离。

"天下第一草书"是什么?

《自叙帖》被称为"天下第一草书"。它是唐代书法家怀素的作品,内容是怀素自述学书渊源、经历并摘录当时名人赞扬其草书的序文诗句。

知识小贴士

怀素曾经多次书写《自叙帖》,内容基本相同,现在流传下来的墨迹长卷是摹本,收藏在台北"故宫博物院"中。

书法需要什么工具?

中国书法是中国特有的一种文字美的艺术表现形式,它将文字书写提升到艺术层面。书法通常以毛笔、宣纸和墨为工具,分为楷书、行书、草书、隶书、篆书等多种书体,每种书体都有其独特的风格和韵味。

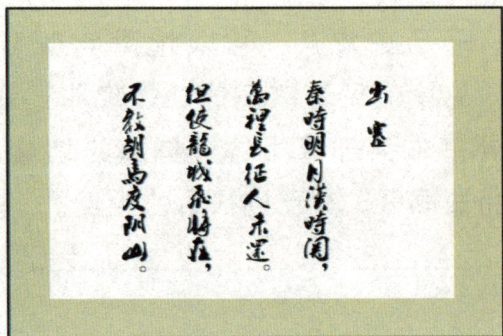

"天下第一行书"是什么?

《兰亭集序》是"书圣"王羲之在浙江绍兴兰渚山下以文会友时写出的"天下第一行书",全文28行、324字,通篇遒媚飘逸,字字精妙,点画犹如舞蹈,有如神人相助而成,被历代书界奉为极品。作品中的"之"字,每个都不相同。

《兰亭集序》赏析	
好句欣赏	**此地有崇山峻岭,茂林修竹,又有清流激湍,映带左右。**
好句点评	以对偶句式写出会稽山水的清幽之美,动静相宜。
好句欣赏	**仰观宇宙之大,俯察品类之盛。**
好句点评	展现宏阔的宇宙观与生命意识,俯仰之间见天地,暗含哲思。
好句欣赏	**虽世殊事异,所以兴怀,其致一也。**
好句点评	点明情感跨越时空的永恒性,是全文思想升华的点睛之笔。

中国十大传世名画是哪些作品？

中国十大传世名画
- 《洛神赋图》
- 《清明上河图》
- 《步辇图》
- 《唐宫仕女图》
- 《五牛图》
- 《韩熙载夜宴图》
- 《千里江山图》
- 《富春山居图》
- 《汉宫春晓图》
- 《百骏图》

国画有什么特点？

国画是中国传统绘画形式，历史悠久。国画强调意境和内涵，追求形神兼备，多以山水、花鸟、人物为主要题材。国画使用的工具主要是毛笔、宣纸或绢、墨和颜料，技法上讲究笔墨的运用、线条的流畅和色彩的和谐。

《千里江山图》是由谁创作的?

《千里江山图》由北宋画家王希孟所作。王希孟擅长画青绿山水,是宋徽宗时的画院学生,宋徽宗欣赏他的才华,亲自传授给他绘画方面的经验和技法。

《千里江山图》是王希孟在十八岁时用半年时间完成的,画卷中的石青、石绿鲜亮夺目,画面气势磅礴,是中国传统山水画中的少见的巨制。《千里江山图》完成后一两年,王希孟就去世了。

《千里江山图》的艺术特色	
恢宏的山水长卷	《千里江山图》描绘了起伏的峰峦、渔村野市、水榭亭台、桥梁舟船等场景,构图疏密有致,气势磅礴。
青绿设色的巅峰	采用矿物颜料石青、石绿为主色调,色彩绚丽而不失典雅,层层晕染,展现出"青绿为衣,金碧为饰"的富丽效果。
精微的细节	画中人物虽小却极为生动,飞鸟、农舍等点缀其间,充满生活气息。
宏大的意境	将不同视角的景观融于一卷,形成"咫尺千里"的视觉震撼效果。

中国人
有学问

第五章

著名人物

中国古代学派创始人都有谁？

谁是儒家学派的创始人？

孔子名丘，字仲尼，是儒家学派的创始人，被尊为"至圣先师"，是中国古代最具影响力的思想家、教育家。他提出了"仁爱"思想，还主张"己所不欲，勿施于人"，强调道德修养和礼仪的重要性。

谁是道家学派的创始人？

老子是道家学派的创始人，被尊为"道教始祖"，与庄子并称"老庄"。其思想对中国哲学、宗教及文化影响深远。他主张"无为而治"，认为万物皆有道，顺应自然，无为而治，可以达到社会和谐。

谁是墨家学派的创始人？

墨子是墨家学派的创始人，主张"兼爱"和"非攻"等观点。他强调平等博爱，反对战争和暴力。他以兼爱为核心，以节用、尚贤为支点，创立了以几何学、物理学、光学为突出成就的一整套科学理论。

"性善论""性恶论"分别由谁提出？

孟子提出的"性善论"

孟子是战国时期儒家思想代表人物之一，中国古代思想家、哲学家、政治家、教育家。他的主要思想是仁、义、善。在人性方面他主张"性善论"，认为人性本善，通过教育和修养，人可以成为有道德的人。

荀子提出的"性恶论"

与人善言暖于布帛

荀子是儒家学派的代表人物，他提出天道自然的思想，同时又提出"性恶论"。他认为人性本恶，需要通过教育和法律来约束和引导。

"诗仙""诗圣""诗佛"分别是谁？

哪位诗人被称为"诗仙"？

李白，字太白，号青莲居士，又号"谪仙人"。他是唐代著名的浪漫主义诗人，诗风豪放、想象丰富，被后人誉为"诗仙"，与杜甫并称"李杜"。

哪位诗人被称为"诗圣"？

杜甫，字子美，自号少陵野老，被后人尊称为"诗圣"。杜甫擅长律诗，风格多样，语言精练，他的诗作深刻反映社会现实，被称为"诗史"。

哪位诗人被称为"诗佛"？

王维，字摩诘，号摩诘居士。苏轼评价他的诗为："味摩诘之诗，诗中有画；观摩诘之画，画中有诗。"其诗中常含禅意，且本人信仰佛教，诗风宁静致远，被尊称为"诗佛"。

"诗魔""诗鬼""诗神" 分别是谁?

哪位诗人被称为"诗魔"?

白居易,字乐天,号香山居士,有"诗魔"和"诗王"之称。其诗歌通俗易懂,情感真挚,深受百姓喜爱。白居易还是新乐府运动的主要倡导者。

哪位诗人被称为"诗鬼"?

李贺,字长吉,因其诗作风格奇特,想象丰富,常借神话传说来托古喻今,被后人誉为"诗鬼"。李贺二十多岁就去世了,却有很多千古名句流传至今。

哪位诗人被称为"诗神"?

苏轼,字子瞻,号东坡居士,北宋著名的文学家、书法家、画家。他的诗作风格豪放洒脱,气势磅礴,意境深远。他被誉为"诗神",是北宋文学的代表人物之一,对宋代文学的发展产生了深远影响。

"诗狂""诗豪""诗杰"分别是谁?

哪位诗人被称为"诗狂"?

贺知章是唐代诗人、书法家。他旷达不羁,有"清谈风流"之誉。他与李白、张旭等人皆有往来,其诗多记游宴乐事。因他的诗风狂放,不拘小节,故有"诗狂"之称。

哪位诗人被称为"诗豪"?

刘禹锡是唐朝著名文学家、哲学家。他的诗作风格豪放洒脱,意境深远,具有强烈的个性色彩和独特的艺术魅力,他被誉为"诗豪",代表作有《陋室铭》《乌衣巷》等。

哪位诗人被称为"诗杰"?

王勃是唐朝著名的文学家之一,被称为"诗杰",又与杨炯、卢照邻、骆宾王并称为"初唐四杰"。他才华横溢,在诗歌创作方面更是出色。虽然他年纪轻轻就离开了人世,但他的诗歌作品却流传了下来,成为中国古代诗歌的瑰宝。

史称"苏门四学士"的人是谁?

"苏门四学士"指北宋时期受苏轼赏识和指导,在文学上有突出成就的四位诗人,他们分别是黄庭坚、秦观、晁补之、张耒。

	黄庭坚是宋代著名的书法家、文学家,代表作有《山谷词》等。
	秦观是北宋著名婉约派词人,代表作有《鹊桥仙·纤云弄巧》。
	晁补之的诗词以清新自然见长,代表作有《晁氏琴趣外篇》。
	张耒的诗平易舒坦、词风格婉约,代表作有《劳歌》等。

"中兴四大家"分别是谁？

"中兴四大家"又称"南宋四大家"，是南宋时期四位杰出诗人的合称，代表南宋诗歌的最高成就。他们分别是陆游、杨万里、范成大和尤袤。

	陆游是南宋著名文学家、史学家、爱国诗人。他的诗作充满爱国热情，情感深沉真挚，代表作有《游山西村》《示儿》等。
	杨万里的诗作多描写自然景色和人民生活，代表作有《小池》《晓出净慈寺送林子方》等。
	范成大的作品充满深厚的人文关怀，代表作有《四时田园杂兴》《喜晴》等。
	尤袤的诗词风格清新自然，多反映人生哲理，但作品传世较少。

"唐宋八大家"分别是谁?

这是唐宋时期八位杰出散文家的合称,他们倡导的"古文运动"扭转了骈文浮华之风,确立了唐宋散文的典范,对后世文学影响深远。

韩愈,字退之,唐代文学家、哲学家,古文运动的倡导者。代表作有《师说》《马说》等。

柳宗元,字子厚,唐代文学家,与韩愈并称"韩柳",也是古文运动的推动者。代表作有《捕蛇者说》《永州八记》等。

欧阳修,字永叔,号醉翁、六一居士,北宋文学家、政治家,是北宋诗文革新运动的领袖,代表作有《醉翁亭记》《秋声赋》等。

苏洵，字明允，号老泉，北宋文学家，与其子苏轼、苏辙合称"三苏"。代表作有《六国论》等。

苏轼，字子瞻，号东坡居士，北宋著名的文学家、书法家、画家。他的作品文采斐然，题材广泛，代表作有《赤壁赋》《水调歌头·明月几时有》等。

苏辙，字子由，号东轩长老，也是北宋著名文学家，与苏轼同登进士，著有《栾城集》等。

王安石，字介甫，号半山，北宋政治家、文学家，也是著名的改革家。代表作有《泊船瓜洲》《登飞来峰》等。

曾巩，字子固，世称"南丰先生"，北宋文学家，是诗文革新运动的积极参与者。代表作有《墨池记》等。

"初唐四杰" "三瘦词人" "吴中四才子" 分别是谁?

"初唐四杰"是谁?

初唐时期的四位文学家王勃、杨炯、卢照邻、骆宾王被称为"初唐四杰",他们以诗文并称,是促使初唐时期文风由绮丽向工整转变的关键人物。他们的骈文在初唐骈文中成就最高。

"三瘦词人"指的是谁?

"三瘦词人"指的是宋代女词人李清照,她写下了三句流传千古的动人词句,句中都有一个"瘦"字:"莫道不销魂,帘卷西风,人比黄花瘦。""知否? 知否? 应是绿肥红瘦。""新来瘦,非干病酒,不是悲秋。"

"吴中四才子"是谁?

明代的唐寅、祝允明、徐祯卿、文徵明并称为"吴中四才子"。其中唐寅就是人们所熟知的唐伯虎,他书画俱佳,但仕途并不顺畅,在民间留下了许多脍炙人口的小故事。

我国各朝代名家

我国各朝代名家

- **先秦时期** 诸子百家（老子、孔子、孟子等）、屈原

- **秦汉时期** 三班（班彪、班固、班昭）

- **三国时期** 三曹（曹操、曹丕、曹植）、建安七子（孔融、陈琳、王粲等）

- **魏晋南北朝时期** 竹林七贤（嵇康、阮籍、山涛、向秀、刘伶、王戎、阮咸）、王羲之、陶渊明

- **唐宋时期** 初唐四杰、盛唐三大诗人、四大边塞诗人、苏门四学士、中兴四大家、唐宋八大家

- **元明清时期** 吴中四才子、清代小说家

帝王 "三皇五帝"分别指的是谁?

　　"三皇五帝"是我国传说时代的远古帝王,历代对他们的说法并不统一,现在比较常见的说法是"三皇"为伏羲、神农、黄帝,"五帝"为少昊、颛顼、帝喾、尧、舜。

谁是中国历史上第一位皇帝?

　　秦始皇嬴政是中国历史上第一位皇帝。他于公元前221年统一六国后,自诩"德兼三皇,功过五帝",采用三皇之"皇"、五帝之"帝"构成"皇帝"称号,自称"始皇帝",建立了我国历史上第一个中央集权的封建帝国。

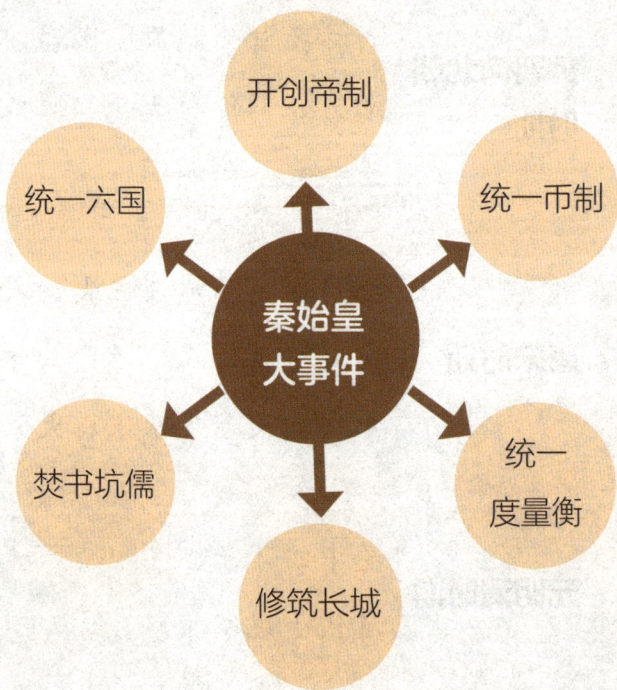

开创帝制

统一六国

统一币制

秦始皇
大事件

焚书坑儒

统一
度量衡

修筑长城

帝王 汉朝、唐朝的著名皇帝有谁？

征伐四方汉武帝

　　汉武帝是汉朝的著名皇帝，是中国历史上杰出的政治家、军事家、战略家、文学家。他在位时推行中央集权，征伐四方，开疆拓土，尊崇儒术，推行币制改革，派张骞出使西域，开辟丝绸之路，打通西域通道，使汉朝达到鼎盛时期。

杰出帝王唐太宗

　　唐太宗是唐朝的杰出皇帝。他在位期间，听取群臣意见，虚心纳谏，任用贤臣，精简政府机构，改革三省六部，开创了贞观之治，使唐朝进入繁荣昌盛的时期。

唐太宗大事件

完善三省六部制

确立科举取士制度

击败东突厥，被尊为"天可汗"

推行均田制与租庸调制

采取开放包容的对外政策

109

帝王 乾隆皇帝的主要成就有哪些？

　　清高宗弘历年号"乾隆"，寓意"天道昌隆"。他进一步完成多民族国家的统一，促进社会经济文化进一步发展。他重视社会的稳定，关心百姓，多次普免天下钱粮、八省漕粮，减轻了农民的负担，也使得清朝国库日渐充实。其执政中期，清朝达到了康乾盛世以来的最高峰。

知识小贴士

　　乾隆皇帝重视农业生产。他相信"民为邦本，食为民天""务本足国，首重农桑"，要求北方向南方学习耕种技术。以前贵州遍地桑树，但不养蚕纺织，他责成贵州地方官向外省招募养蚕纺织能手传授技术。

"沉鱼落雁""闭月羞花"分别指谁?

	"沉鱼"指的是**西施**,传说她在溪边浣纱时,鱼儿看到她都忘记游泳,沉入了水底。
	"落雁"指**王昭君**,传说她出塞时弹奏琵琶,大雁听到忘记了飞翔,落了下来。
	"闭月"指**貂蝉**,传说她拜月时,月亮自觉不如貂蝉美,躲到了云彩后面。
	"羞花"指**杨贵妃**,她的美貌使花朵都羞涩地低下了头。

王昭君远嫁匈奴和亲

西汉时期,王昭君为了国家的利益,远嫁匈奴,成为和平使者,在维护边境和平方面做出了重要贡献。她以自己的智慧和勇气赢得了匈奴人民的尊重和爱戴。她的故事被后人广泛传颂。

"卧薪尝胆"的主人公是谁?

"卧薪尝胆"的主人公是越王勾践。春秋时期,吴王夫差击败越国,并将越王勾践押回吴国做奴隶,勾践忍辱负重,三年后才得以回到越国。回国后,勾践为了不让自己忘记过去的耻辱,晚上睡觉只铺柴草,还在屋内悬挂苦胆,时不时尝尝苦胆的苦味。最终,勾践找到时机,灭掉了吴国。

卧薪尝胆的近义词	
发愤图强	下定决心,努力奋斗,谋求强盛。
忍辱负重	为了完成艰巨的任务,忍受屈辱,承担重任。
励精图治	振作精神,想办法把国家治理好。
自强不息	自己努力向上,永远不懈怠。
忍辱含垢	忍受耻辱。

这些成语都体现了在逆境中坚持奋斗、积蓄力量的精神。

"指鹿为马" 的主人公是谁?

"指鹿为马"的主人公是赵高。秦二世时,赵高把持国政,他故意在秦二世面前牵来一只鹿,并说那是一匹马,凡是不附和他的大臣都被他捏造罪名加以迫害。后来赵高逼令秦二世自杀,自己企图篡位自立,但大臣都不听从,赵高只好立二世的侄子子婴为秦王,子婴很快用计杀了赵高。

指鹿为马的近义词	
颠倒黑白	比喻歪曲事实,混淆是非。
混淆是非	故意把对的说成错的,错的说成对的。
以假乱真	用假的冒充真的或在真东西里面掺杂假的东西,使真假难辨。
偷梁换柱	比喻用欺骗的手法暗中改变事物的内容或事情的性质。
瞒天过海	用欺骗的手段暗中行动。
这些成语都表示故意歪曲事实、欺骗他人的行为。	

"高山流水遇知音"的典故是怎么来的？

俞伯牙是中国古代著名的琴师，一次伯牙在江边弹琴，樵夫钟子期驻足聆听。当伯牙弹奏表现高山的旋律时，钟子期赞叹："峨峨兮若泰山！"弹奏表现流水的旋律时，钟子期又感慨："洋洋乎若江河！"伯牙惊喜不已，认为终于遇到了真正懂自己的人。

后来钟子期去世，伯牙悲痛欲绝，认为世上再无人能懂自己的琴声，于是"破琴绝弦"，终身不再弹琴。

伯牙子期的故事可能带有传说成分，但其文化影响深远。至今，古琴名曲《高山流水》仍被视为中国十大古曲之一，而"知音"也常常被用来形容人生中极难得的朋友。

"管鲍之交"这个典故是怎么来的?

管仲和鲍叔牙都是春秋时齐国人，两人少年时就是好朋友。鲍叔牙很赏识管仲的才学，也很了解他的所作所为。这段友谊故事被称为"管鲍之交"。

管仲家境贫寒，两人合伙做生意时，鲍叔牙出钱较多，但分红时管仲却拿得更多。旁人认为管仲贪心，鲍叔牙却解释说："管仲不是贪财，而是因为家贫需要奉养母亲。"

两人曾一同参军。作战时，管仲常躲在后面，撤退时却跑得很快。有人嘲笑管仲怯懦，鲍叔牙为他辩解："管仲家有老母，他必须活着尽孝。"

管仲和鲍叔牙尽管性格不同、才能不同，甚至后来分属政治对立阵营，但鲍叔牙始终理解并帮助管仲，成就了一段千古佳话。

知识
小贴士

管仲助齐桓公成为"春秋五霸"之首。他感慨："生我者父母，知我者鲍子也！"

"人生自古谁无死，留取丹心照汗青"是哪位民族英雄写的？

文天祥是南宋末年政治家、文学家，民族英雄。他坚守抗元立场，宁死不屈。战败被俘后，他写下了《过零丁洋》，其中那句"人生自古谁无死，留取丹心照汗青"，气势磅礴，情调高亢，激励了后世众多为理想而奋斗的仁人志士。

过零丁洋

宋·文天祥

辛苦遭逢起一经，
干戈寥落四周星。
山河破碎风飘絮，
身世浮沉雨打萍。
惶恐滩头说惶恐，
零丁洋里叹零丁。
人生自古谁无死？
留取丹心照汗青。

我这一生的艰辛，从研读经书步入仕途开始，在抗元的烽火中，已辗转奋战了整整四年。大好河山支离破碎，如风中飘散的柳絮，我的身世动荡起伏，似雨中被击打的浮萍。当年在惶恐滩头，我曾为战局艰难而忧心忡忡，如今在这零丁洋上，又为孤军无援而悲叹伶仃。但人生自古以来谁能够不死？我只愿留下这颗赤诚之心，永远照耀史册！